0《ゼロ》からわかる木刀による剣道基本技稽古法

目次

写真撮影◆徳江正之
ＤＶＤ製作◆㈱オールコミュニケーション長崎（撮影・編集　辻恵介）
ＤＴＰ製作◆石山組版所
撮影協力◆大義塾荻窪道場

第一章

基本技指導の心得

制定の趣旨と経緯

竹刀操作は日本刀の観念でおこなうことが重要です。そうすれば当てるではなく、刃筋正しく打つという気持ちにさせてくれます。初心者のうちからその日本刀の観念を持ってもらうために、日本刀の代用である木刀の操作を修錬してもらい、竹刀剣道にも活かされることを願って、この木刀による剣道基本技稽古法（以下、基本技稽古法）は平成15年に制定されました。制定当時、全剣連副会長を務めておられた森島健男範士は、全剣連が発行した冊子の「まえがき」に、その目的は3つあると書かれています。

1、竹刀は日本刀であるという観念を理解させ、日本刀に関する知識を養う。

2、木刀の操作によって、剣道の基本技を習得させ、応用技への発展を可能にする。

3、この稽古法の習得によって、日本剣道形への移行を容易にさせる。

それらの趣旨に基づいて制定されたわけですが、ここで簡単に制定の経緯を振り返ってみることにします。

平成12年4月「基本形（仮称）」作成のための「普及委員会　剣道基本形部会（部会長・佐藤成明）」が設けられ、私も委員の一人に選ばれました。そして全剣連発行の『幼少年剣道指導要領』をもとにして、基本として重要な技および竹刀剣道に資する技という観点から技を選び出し、有効打突の基準を満たすための正しい打ち方を学ぶやり方として9本の基本技を作りました。

その後、剣道基本形部会は解散となり、「普及委員会指導部会」（部会長・古田坦）へと引き継がれて、私も引き続き委員の一人として制定に関わらせていただきました。普及委員会指導部会に移った段階で、形ならば日本剣道形があるのでその前段階として木刀を用いて基本的なことを勉強してもらおうということになって、名称が現在の「木刀による剣道基本技稽古法」となったのです。

剣道の技は、面、小手、胴、突きの4つの技がありますが、一本の技として成立させるための方法として大きく分けて仕かけていく場合と応じる場合の2通りあります。それを教える手段として、この基本技稽古法を使うことによって効果をあげることができます。9本にはまず正しい基本打突の打ち方を学ぶことからはじまり、その応用へと発展させていく要素も含まれています。

この基本技稽古法を指導するにあたって、全剣連は指導上の留意事項を別記（P12）のように表わしていますが、それ以外に私がこれまでの経験から効果をあげるために指導者にお願いしたいことがあります。

それはまず基本単独動作を身につけさせてから、対人動作である基本技稽古法に入ってほしいということです。基本単独動作とは正しい中段の構え、足さばき、素振りなどのことです。次に元立ちを置いて一足一刀の間合から面、小手、胴、突きを打つ練習をさせて、基本単独動作ができているかを確認します。こうして気剣体一致の打突を初

心者なりに身につけさせることで覚えが早くなりますし、指導もスムーズにおこなえるようになるからです。本書と付録ＤＶＤの「基本単独動作の確認」のところをよく読んで、よく見てもらって実践してほしいと思います。

次に、残心のところで注意してもらいたいこともあります。仕かけ技と応じ技のときでは元立ちの動きが異なるということです。この違いを指導者が認識して指導にあたれば、子どもが戸惑うことはなくなると思います。

仕かけ技の場合、元立ちは掛り手が残心を示すまでは動いてはいけません。たとえば基本１の面打ちの場合、掛り手が残心を示して、さらにもう一歩下がって一足一刀の間合になろうとするまで動かない。掛り手が残心を示す前に元立ちが動くケースが多いので指導上、留意すべき点です。

応じ技の場合、掛り手が打った後、双方ともに正対しながら一歩下がって剣先を合わせ、掛り手が残心を示してから元の位置に復します。元の位置に復するための歩数はとくに定めていません。

基本単独動作の確認

◎中段の構え

自然体から右足を半歩前に出す。両足つま先は相手にまっすぐ向ける。右足と左足の幅はひと握りあけ、左足のつま先は右足のかかとあたり。左足のかかとは少し上げ、両ひざは力を入れず自然に保ち、体重を両足均等にかける。

左こぶしは臍《へそ》の位置より約ひと握り前にして柄頭いっぱいに握り、高さは左手親指の付け根関節を臍の高さ。両手の親指と人差し指の間が一直線上になるようにする。剣先は木刀の峯側の鍔元と剣先を結んだ線の延長が、相手の両眼の中央または左目の方向。

中段の構え（正面）

◎足さばき

「送り足」を原則とし「すり足」でおこなわせ、踏み込み足は使わない。

◎素振り

【上下振り】

左こぶしを正中線から外さない。左足の引きつけを素早くおこなう。

【ななめ振り】

頭上で手首を返して刃筋正しくななめに振る。

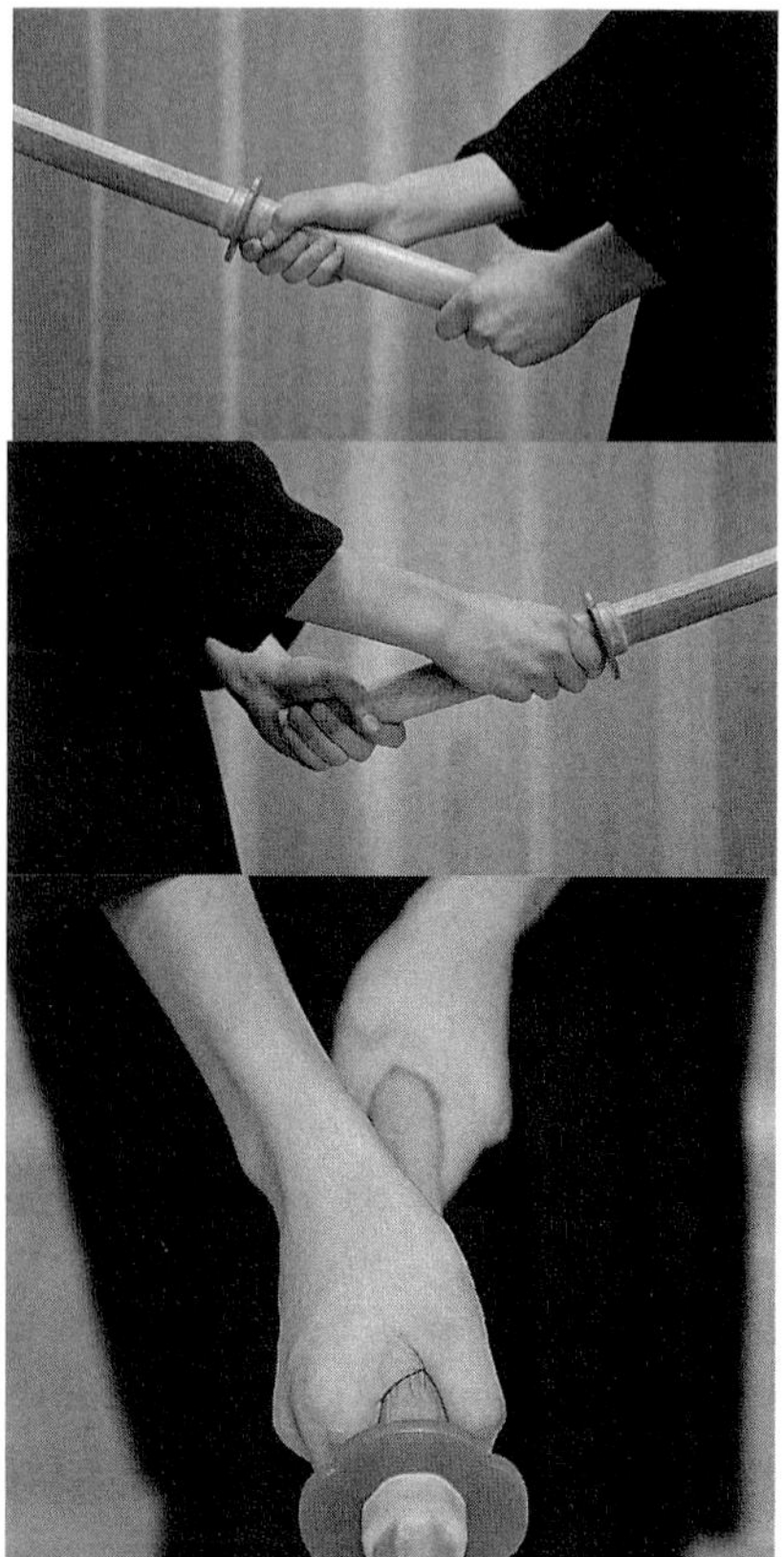

木刀の持ち方は左手の小指を柄頭いっぱいに握り、小指と薬指をしめる。右手も同様に握り、鍔より少しはなす

◎空間打突

【前進後退正面打ち】

振りかぶりは剣先が両こぶしより下がらない。両腕をしっかり伸ばして打突部位をとらえる際は内側に絞りこみ、両こぶしを正中線から外さない。左足の引きつけを素早くおこなう。

【前進後退左右面打ち】

振りかぶりは剣先が両こぶしより下がらない。頭上で手首を返して刃筋正しくななめに振る。

【面】

面を打ったとき、左こぶしの位置は水月あたり。

【小手】

小手を打ったとき、刀はやや水平になる。左こぶしの位置は臍のあたり。

【胴】

振りかぶって頭上で手を返して刃筋正しく胴を打つ。左こぶしは正中線から外さない。

【突き】

突きは刃を真下にしてのどを突く。手先ではなく腰で突き、両手はしっかり伸ばす。突いたらすかさず中段に戻す。

◎一拍子の打ち

元立ちを置いて一足一刀の間合から面、小手、胴、突きの打突部位を物打ち部で寸止めで打突できるようにする。このとき基本単独動作が一拍子で気剣体一致して正しくできているか確認をする。それらがで

すり足でおこなわせる。左足を素早く引きつける

きるようになったら、同じように一足一刀の間合からしかけ技の基本3（払い面）、応じ技の基本6（小手すり上げ面）、基本8（面返し胴）、基本9（胴打ち落とし面）も一拍子でできるように練習をするとよい。

【面】

両腕の間から相手の全体が見えるところまで振りかぶり、剣先は両こぶしより下がらないように気をつける。

【小手】

両腕の間から相手の小手が見えるところまで振り上げて打つ。

【胴】

振りかぶった頭上で手を返し刃筋正しく胴を打つ。体はまっすぐ前に出し、左こぶしは正中線から外さない。

【突き】

刃を真下にして相手ののどを突く。手先で突くのではなく、腰で突く。突いたらすかさず中段に戻す。

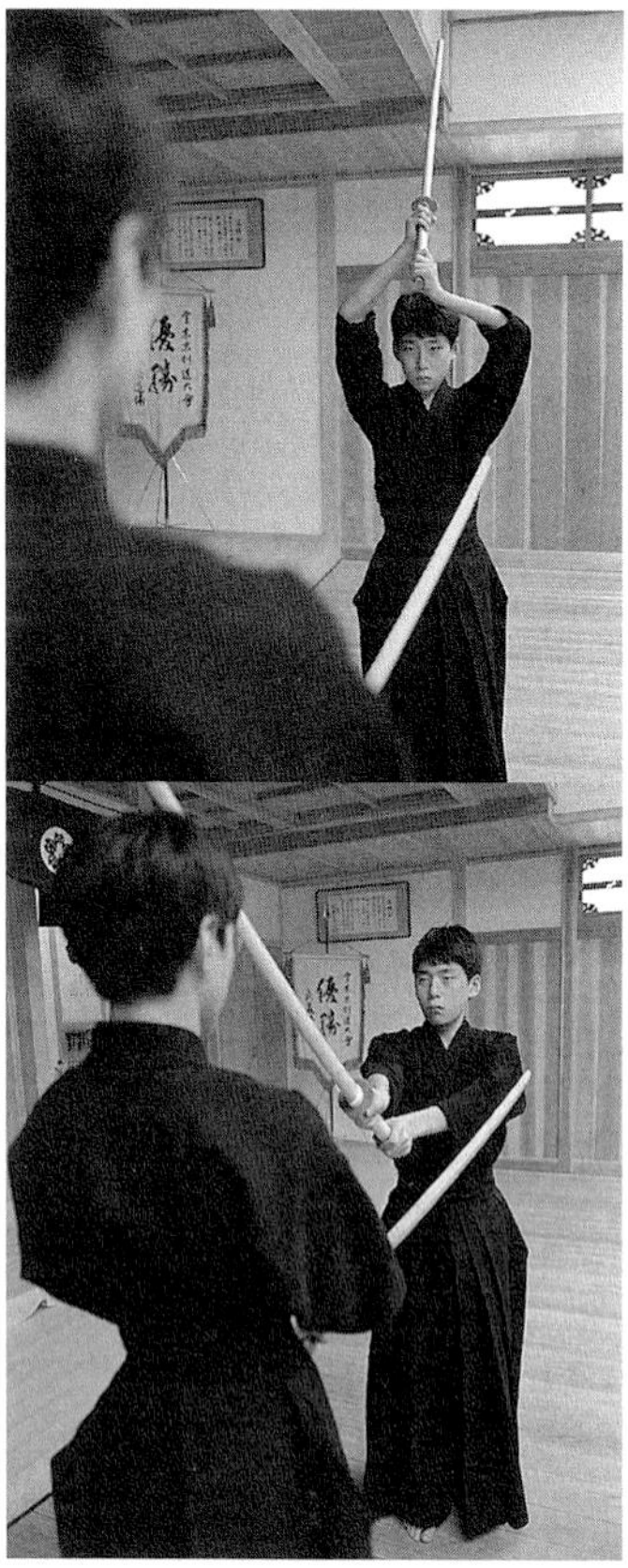

面打ちは、両腕の間から相手の全体が見えるところまで振りかぶり、剣先は両こぶしより下がらないように気をつける

一足一刀の間合

小手打ちは、両腕の間から相手の小手が見えるところまで振り上げて打つ

胴打ちは、振りかぶった頭上で手を返し刃筋正しく胴を打つ。体はまっすぐ前に出し、左こぶしは正中線から外さない

突きは、刃を真下にして相手ののどを突く。手先で突くのではなく、腰で突く。突いたらすかさず中段に戻す

指導上の留意事項

(1)構え

ア、構え方はすべて「中段の構え」とする。

「中段の構え」は右足をやや前に出し、左こぶしは臍《へそ》前約ひと握り、左手親指の付け根の関節を臍の高さで正中線に置く。剣先は「一足一刀の間合」においてその延長が相手の両眼の中央または左目の方向とする。

イ、構えの解き方は、剣先を自然に相手の膝頭から3～6センチメートル下で下段の構えの程度に右斜めに下げ、この時の剣先は相手の体からややはずれ、刃先は左斜め下に向くようにする。

(2)目付け

目付けは、相手の顔を中心に全体を見ることとし、ここではお互いに相手の目を見る。

(3)間合

ア、立会の間合はおよそ9歩の距離とし、3歩前進後における蹲踞しながらの木刀の抜き合せと、技の終了した時点の間合は「横手あたりを交差させる間合」とする。

イ、打突の間合は「一足一刀の間合」とし、この間合は個人の体格、筋力、技倆の程度などにより若干の差があることを指導する。

(4)打突

ア、打突は、充実した気勢で手の内を絞り刃筋正しく「物打」を用い、後足の引き付けを伴なって「一拍子」で行わせる。

イ、打突は、常に打突部位の寸前で止める空間打突となるが、刀で「切る・突く」という意味を理解させる。

ウ、「掛り手」の打突動作は、「元立ち」が合気になって与える機会を逃すことのないよう、的確に捉えて「掛け声」とともに気合をこめて行わせる。

(5)足さばき

足さばきは、送り足を原則とし「すり足」で行わせる。

(6)掛け声（発声）

打突時に、「面（メン）、小手（コテ）、胴（ドウ）、突き（ツキ）」と打突部位の呼称を明確に発声させる。

(7)残心

打突後は、油断することなく相手に正対し、間合を考慮しながら「中段の構え」となって残心を示させる。

〔註〕
1、所作事は日本剣道形に準拠する。
2、動作の流れは、全日本剣道連盟発行の『木刀による剣道基本技稽古法』から引用した。

第二章

礼法

立会前の礼法

❶

❷

❸

❹

❺

❻

木刀を右手に提げ、下座で約3歩の距離で向かい合って正座し、木刀を右脇に刃部を内側に、鍔を膝頭に揃えて置き、互いに座礼をする。
立ち上がり「提刀」のまま立会の間合に進み、先ず上座に立礼、その後相互に立礼の後、木刀を左手に持ち変えると同時に左手の親指を鍔にかけ「帯刀」となり、相互に右足から3歩踏み出して蹲踞しながら木刀を抜き合せ、立ち上がって中段の構えとなる。

座礼の位置は、下座の中央が望ましい。（集団指導の場合は、座礼を省略する。）
正座は「左座右起」とし、座礼の両手は同時に着く。
上座の立礼は約30度、相互の立礼は約15度で相手に注目して行う。
木刀の持ち変えは、概ね体の中央で行う。
帯刀時の柄頭の位置は、正中線となるようにする。

❼

❽

❾

❿

⓫

⓬

⓭

⓮

⓯

⓰

⓱

⓲

⑲

⑳

㉑

㉒

㉓

㉔

㉕

㉖

㉗

㉘

㉙

㉚

立会後の礼法

最後の演武が終了したら蹲踞して木刀を納め、立ち上がって帯刀のまま小さく5歩退がり、右手に持ち変えて「提刀」となり相互に立礼後、上座に立礼して下座に戻り座礼をして退場する。

㉛

㉜

㉝

㉞

㉟

㊱

❶

❷

❸

❹

❺

❻

❼

❽

❾

❿

⓫

⓬

⑬

⑭

⑮

⑯

⑰

⑱

⑲

⑳

㉑

㉒

㉓

㉔

立礼の角度

側面

上座への立礼は約30度

相互の立礼は約15度

正面

上座への立礼

相互の立礼では目線を外さない

正座のし方・立ち方

正座は「左座右起」でおこなわせ、座礼の両手は同時に着かせる。座礼のときは背中が丸まったり、首を曲げたりしないように指導する

第三章

木刀による剣道基本技稽古法

基本1

一本打ちの技「面」

【動作の流れ】

双方右足から「歩み足」にて3歩前進し、「一足一刀の間合」に接した後、「面（メン）」の掛け声とともに「元立ち」の正面を打つ。

1、右足を一歩踏み出しながら、両腕の間から相手の全体が見える程度に大きく振りかぶり、刃筋正しく行う。
なお、振りかぶりは、剣先は両こぶしの高さから下がらないようにする。

2、「元立ち」の打つ機会の与え方は、剣先をやや右に開く。

3、打突後、「掛り手」は1歩後退して残心を示し、更に1歩後退して一足一刀の間合に復する。

❶ 一足一刀の間合

❷ 元立ちは剣先をやや右に開く

❸ 掛り手は頭上まで振りかぶる

❹ 掛り手は右足から踏み出す

❺ 掛り手は面を打つ

❻

❼ 掛り手は左足より1歩引いて残心

❽

❾

❿ 掛り手はさらに1歩後退

⓫ 一足一刀の間合に復す

打突したときの左こぶしは水月（みずおち）辺りが適切です。

指導上のポイント

〈元立ち〉

正しい姿勢のまま剣先をやや右に開いて機会をつくらせます。

〈掛り手〉

元立ちが機会をつくったら、相手全体が見えるところまでまっすぐ振りかぶらせます。左こぶしは頭上、剣先は原則45度ですが水平でも構いません（剣先が両こぶしより下がらないように注意）。打突するときは、腰からいく意識を持たせて左足をしっかり引きつけさせて体勢を崩さないようにし、両手をしっかり伸ばして刃筋正しく物打ちで打たせます。手の内は少し内側に絞りこむようにさせるとよいです。

元立ちは剣先をやや右に開いて機会をつくる

掛り手はまっすぐ振りかぶって打つ

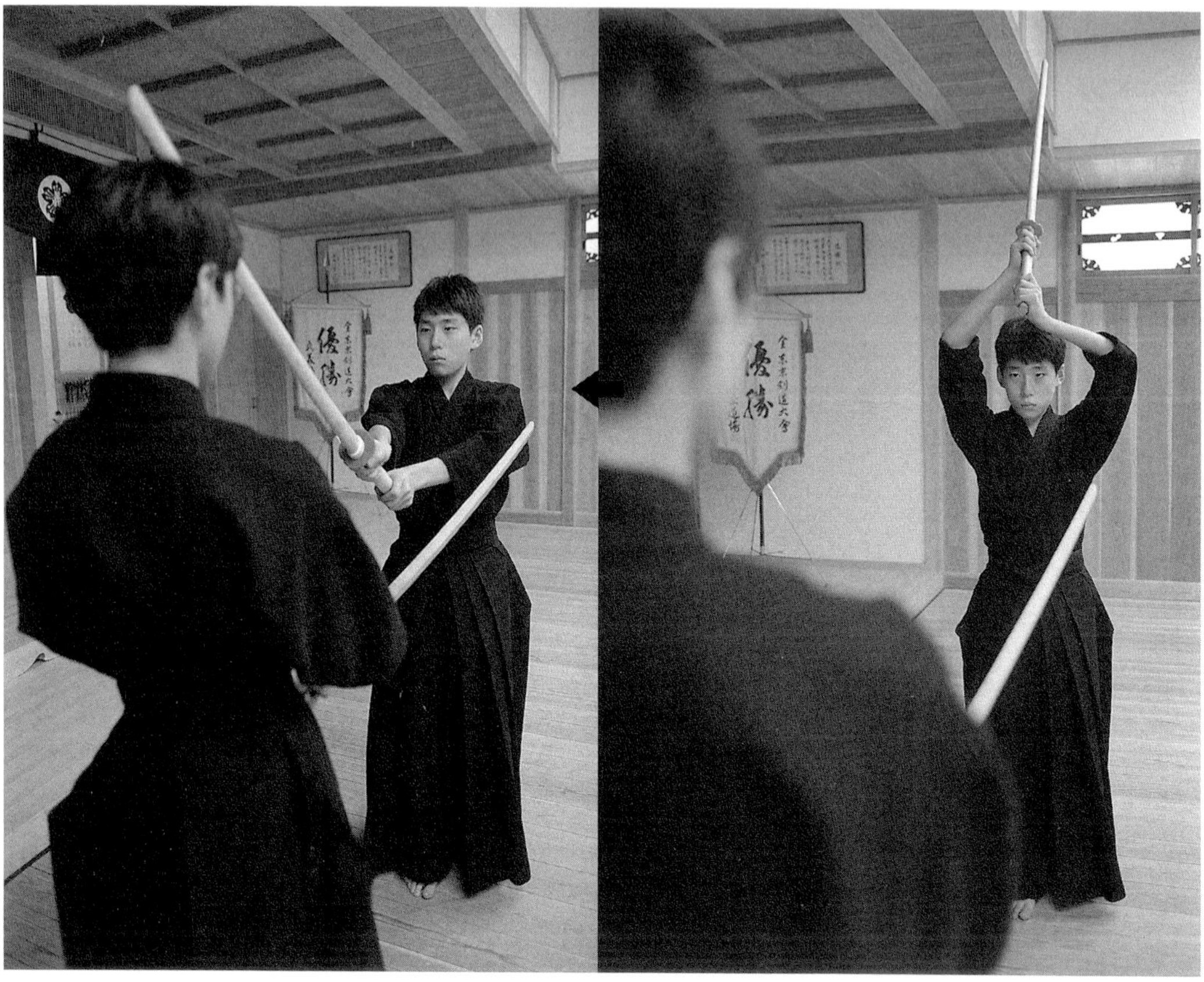

基本1　一本打ちの技「小手」

【動作の流れ】

「一足一刀の間合」から、

「小手（コテ）」の掛け声とともに「元立ち」の小手を打つ。

1、小手打ちの振りかぶりは、両腕の間から相手の右小手が見える程度とする。

2、「元立ち」の打つ機会の与え方は、剣先をやや上に上げる。

3、打突後「掛り手」は1歩後退して残心を示し、更に1歩後退して「一足一刀の間合」に復する。

一足一刀の間合

元立ちは剣先をやや上に上げる

掛り手の振りかぶりは、両腕の間から相手の右小手が見える程度

掛り手が小手を打つ

掛り手が左足より1歩引いて残心

さらに掛り手は1歩後退

一足一刀の間合に復す

指導上のポイント

〈元立ち〉

剣先をやや上げて機会をつくる。

〈掛り手〉

両腕の間から相手の小手が見える程度までまっすぐに振りかぶらせて、刃筋正しく物打ちで打たせます。打突したときの左こぶしは臍の高さぐらいがいいでしょう。面より近いですから間合を考えて打たせるようにしなければなりません。

元立ちは剣先をやや上に上げて機会をつくる

掛り手の振りかぶり方

小手を打ったとき、左こぶしは臍の位置

基本1

一本打ちの技「胴（右胴）」

【動作の流れ】

「一足一刀の間合」から、

「胴（ドウ）」の掛け声とともに「元立ち」の右胴を打つ。

1、大きく振りかぶりながら、頭上で手を返し刃筋正しく行う。その際、打突は前進しながら相手に正対して行う。

2、「元立ち」の打つ機会の与え方は、手元を上げる。

3、打突後「掛り手」は1歩後退して残心を示し、更に1歩後退して「一足一刀の間合」に復する。

❶ 一足一刀の間合

❷ 元立ちは手元を上げる

❸ 掛り手が振りかぶり、頭上で手を返す

❹

❺ 掛り手が右胴を打つ

❻

❼ 掛り手が左足より1歩引いて残心

❾ さらに掛り手は1歩後退

❿ 一足一刀の間合に復す

指導上のポイント

〈元立ち〉

手元をまっすぐ上げて、掛り手が打ちやすいようにあけてやるとよいでしょう。

〈掛り手〉

相手全体が見えるところまでまっすぐ振りかぶらせます。このとき剣先が両こぶしから下がらないようにさせます（45度から水平を限度とする）。頭上で手の内を返させたら、剣先から下ろさせる意識を持たせ、体を前にまっすぐ出すようにしておおむね左斜め45度から刃筋正しく物打ちで胴を打たせます。左こぶしは正中線から外れないようにし、体を右斜め前にさばいたり、横から打ったりさせないようにします。

元立ちは手元を上げて機会をつくる

掛り手は頭上で手の内を返して胴を打つ

基本1

一本打ちの技「突き」

【動作の流れ】

「一足一刀の間合」から、

「突き（ツキ）」の掛け声とともに「元立ち」の咽喉部を突く。

1、突き技については、初歩の段階でその基本を理解させようとするもので、手技にならないよう腰を中心に体を進め、相手の咽喉部を突き、突いた後すぐ手元を戻す。

2、「元立ち」の突く機会の与え方は、剣先をやや右下に下げ1歩後退しながら突かせる。

3、「掛り手」は突いた後1歩後退して残心を示し、更に1歩後退して元に復する。その際、「元立ち」は「掛り手」に合わせて1歩前進し元に復する。

上記の動作が終わってから構えを解き、双方左足から「歩み足」にて小さく5歩後退して立会の間合に復し、中段の構えとなる。

❶
一足一刀の間合

❷
元立ちは剣先をやや右下に下げる

❸
掛り手が咽喉部を突く

❹

❺

❻
掛り手は突いたら素早く手元を戻す

指導上のポイント

〈元立ち〉

剣先をやや右下に下げて機会をつくらせますが、相手の膝頭ということではありません。掛り手が突いてきたら剣先を下げたままの状態で一歩下がりますが、突かれるまで動いてはいけません。

ここで元立ちが間違えやすいのは、掛り手が一歩下がって残心をとろうとする前に剣先を合わせることです。掛り手が残心を示してから、一歩下がるときに剣先を合わせるよう指導します。

〈掛り手〉

突く箇所は日本剣道形のときの水月ではなく、咽喉部です。突くときは構えたままの状態から刃先は返さず両腕をしっかり伸ばして突きます。手だけで突きやすいため、腰で突くように意識させるとよいです。突いたら突きっぱなしではなく、すぐに抜いて手元に戻させます。左こぶしを正中線から外さないようにすれば、動きがスムーズにいくと思います。

掛り手が左足より1歩引いて残心

掛り手が1歩引く際、元立ちも1歩前進して元に復す

元立ちは剣先をやや右下に下げて機会をつくる

掛り手は突いたらすぐ手元を戻す

基本2

二・三段の技（連続技）「小手→面」

【動作の流れ】

双方右足から「歩み足」にて3歩前進し、「一足一刀の間合」に接した後、動作を開始する。

1、右足を1歩踏み出しながら振りかぶって「元立ち」の右小手を打ち、相手の退くところを更に右足を1歩踏み出して正面を打つ。

2、「元立ち」の受け方は、最初に剣先をやや上に上げて右小手を打たせ、続いて左足から1歩後退しながら剣先をやや右に開いて、正面を打たせる。

3、「掛り手」は打った後1歩後退して残心を示し、更に1歩後退し「一足一刀の間合」になる。その後、同時に「掛り手」は1歩後退、「元立ち」は1歩前進して元に復する。

上記の動作が終わってから構えを解き、双方左足から「歩み足」にて小さく5歩後退して立会の間合に復し、中段の構えとなる。

❶ 一足一刀の間合

❷ 元立ちが剣先をやや上げる

❸ 掛り手が小手を打つ

❹

❺

❻

元立ちは左足より1歩後退しながら剣先を下げずに右に開く

掛り手が面を打つ

掛り手は左足より1歩引いて残心

掛り手がさらに1歩引く

掛り手が引くときに元立ちは剣先を合わせて、一足一刀の間合に

掛り手がさらに1歩後退する際、元立ちも1歩前進して元に復す

指導上のポイント

〈元立ち〉

剣先をやや上に上げて小手をしっかり打たせた後、一歩下がってから剣先を右に開いて適切な間合をとってやることで掛り手は面が打ちやすくなります。小手は引かないでその場で打たせます。また、面を打たせるとき、剣先を下げて開いて打たせてはいけません。

〈掛り手〉

小手も一本決める気持ちで打たせ、小手が外れたから面を打つという意識で打たせるようにします。小手を打った後、素早く左足を引きつけさせることが大切です。そうすると面が無理なく打てるようになります。

掛り手が残心を示したとき元立ちは動かない

掛り手が残心を示したとき剣先を合わせてはいけない

小手打ちでの左足の引きつけが大切。それができると面打ちもスムーズに打てる

基本3

払い技「払い面（表）」

【動作の流れ】

双方右足から「歩み足」にて3歩前進し、「一足一刀の間合」に接した後、動作を開始する。

1、「掛り手」は右足を1歩踏み出しながら、木刀の表鎬を使って払い上げて相手の構えを崩し、そのまま正面を打つ。

2、「掛り手」は打った後1歩後退して残心を示し、更に1歩後退して元に復する。

上記の動作が終わってから構えを解き、双方左足から「歩み足」にて小さく5歩後退して立会の間合に復し、中段の構えとなる。

一足一刀の間合

掛り手が右足から1歩踏み出しながら表鎬で払う

掛り手が正面を打つ

指導上のポイント

〈元立ち〉

払われたら体勢を崩さず、そのままの姿勢を掛り手が残心を示すまで保たせます。

〈掛り手〉

相手の構えを崩す方法の一つに払いがあり、表と裏、上からがありますが、ここでは表鎬（左側）で払います。払い上げるときは、表鎬を使って体勢を崩さず左半円を描く気持ちでおこなわせますが、払うと打つ動作が一拍子にならなければなりません。手先で払いがちになるので、先に右足を出すように指導するとよいです。そうすると払い上げながら前へ出られるため、そのまま面が打てて自然と一拍子になります。

掛り手は左足より1歩後退して残心

掛り手はもう1歩後退して元に復する

右足から先にいくような気持ちでおこなわせるとよい

払い上げた後、頭上まで振りかぶると面が打ちやすい

基本4

引き技「引き胴（右胴）」

【動作の流れ】

双方右足から「歩み足」にて3歩前進し、「一足一刀の間合」に接した後、動作を開始する。

1、「掛り手」は右足を1歩踏み出しながら正面を打ち、「元立ち」は表鎬で応じ、双方やや前進し鍔ぜり合いとなり、「掛り手」は相手の鍔元を押し下げる。

これに対し「元立ち」が押し返し手元が上がった機会を捉え、「掛り手」は左足を退きながら振りかぶり右足を引き付けると同時に右胴を打つ。

2、「掛り手」は打った後1歩後退して残心を示し、その後双方1歩後退して元に復する。

上記の動作が終わってから構えを解き、双方左足から「歩み足」にて小さく5歩後退して立会の間合に復し、中段の構えとなる。

❶ 一足一刀の間合

❷ 掛り手の面を元立ちが受ける

❸

❹ 鍔ぜり合いとなり掛り手が押し下げる

❺

❻ 元立ちが手元を上げる

指導上のポイント

〈元立ち〉

掛り手の面を受けるときは、前に出ず、その場で両手を伸ばして表鎬で受けさせたのち（刃で受けさせない）、手元を下げて鍔ぜり合いに持ちこませます。鍔ぜり合いで掛り手に押し下げられたら反発しながら、パッと手元をまっすぐに上げるようにおこなわせます。

〈掛り手〉

まず面を打ったが元立ちに受けられて不十分になったため鍔ぜり合いになることを理解させます。面を受けられて正しい鍔ぜり合いに入った後、上から元立ちの鍔元を押さえさせます。それに元立ちが反発して手元を大きく上げたところをすかさず打たせる。このとき、間合に注意しながらまっすぐ下がることを意識させます。

掛り手が右胴を打つ

掛り手が左足より1歩後退して残心

双方1歩後退して元に復する

鍔ぜり合いから掛り手が押し下げ、元立ちは押し返して手元を上げる

元立ちは表鎬（左側）で受ける

掛り手はまっすぐ下がって右胴を打つ

基本5

抜き技「面抜き胴（右胴）」

【動作の流れ】

双方右足から「歩み足」にて3歩前進し、「一足一刀の間合」に接した後、動作を開始する。

1、「元立ち」は右足を1歩踏み出しながら正面を打つ。「掛り手」は右足をやや右斜め前に出しながら振りかぶり、相手の右胴を刃筋正しく打つ。その際、目付けは外さない。

2、「元立ち」は面を打った位置で動作を止め、「掛り手」は右胴を打ったところで止める。

3、打った後双方とも正対しながら1歩後退し、「掛り手」は残心を示す。その後双方とも左に移動して元に復する。

上記の動作が終わってから構えを解き、双方左足から「歩み足」にて小さく5歩後退して立会の間合に復し、中段の構えとなる。

一足一刀の間合

元立ちは面を打つ。掛り手は右足を右斜め前に出して振りかぶる

掛り手が右胴を打つ

指導上のポイント

〈元立ち〉

まっすぐ振りかぶって打たせ、打たれた後の視線は掛り手を見るようにさせます。

〈掛り手〉

元立ちの面を待っているのではなく、前へ出ながら右斜め前にさばかせるようにすると一拍子の動きにつながります。打つときは左こぶしを中心線から外さないようにさせます。中心線から外れると体が先に前へ出てしまい、腹打ちになりやすいからです。打突部位をとらえるときは手の内を内側に絞りこませ、両腕をしっかり伸ばさせます。

目付けは常に元立ちからそらさせてはいけません。

足さばきは右斜め前の送り足でおこなわせ、打った後は開き足にならないように指導します。

双方ともに正対しながら1歩後退し、掛り手が残心を示す

双方ともに左に移動して元に復する

手の内を内側に絞り込ませ、両腕をしっかり伸ばして打つ

開き足にならないようにする

基本6 すり上げ技「小手すり上げ面（裏）」

【動作の流れ】

双方右足から「歩み足」にて3歩前進し、「一足一刀の間合」に接した後、動作を開始する。

1、「元立ち」は右足を1歩踏み出しながら右小手を打つ。「掛り手」は左足から1歩後退しながら自分の木刀の裏鎬で相手の裏鎬をすり上げ、すかさず右足から1歩踏み出し正面を打つ。

2、すり上げられた小手打ちの剣先は、自然に体側から外れる。

3、打った後「掛り手」は残心を示し、双方1歩後退して元に復する。

上記の動作が終わってから構えを解き、双方左足から「歩み足」にて小さく5歩後退して立会の間合に復し、中段の構えとなる。

一足一刀の間合

元立ちが小手を打ってくるのを、掛り手が裏鎬ですり上げる

掛り手は大きく振りかぶる

掛り手が面を打つ

掛り手が残心を示しつつ

双方1歩後退して元に復する

指導上のポイント

〈元立ち〉

相手の小手の位置へ姿勢正しく一本にする気持ちで打たせます。すり上げられたら手の内を緩め、剣先が自然に体側から外れていくようにさせます。

〈掛り手〉

すり上げるときは、裏鎬を使って右半円を描くようにしておこなわせます。左足から1歩退くとき、体勢を崩しやすいので半歩下がるような気分を意識させると体勢が崩れにくくなります。そうするとすり上げがスムーズにおこなえて、体勢を崩さず面が打てるため自然と一拍子になると思います。また、すり上げたときは、相手全体が両腕の間から見えるところまでまっすぐ振りかぶらせることも大事です。

掛り手は裏鎬で右半円を描くようにしてすり上げる

基本7

出ばな技「出ばな小手」

【動作の流れ】

双方右足から「歩み足」にて3歩前進し、「一足一刀の間合」に接した後、動作を開始する。

1、「元立ち」がやや右足を前に出しながら打ち込もうとして、剣先を上げようとする「起こり頭」を捉え、「掛り手」は右足を1歩踏み出しながら小技で素早く、鋭く小手を打つ。

2、「掛り手」は打った後1歩後退して残心を示し、その後1歩後退し、同時に「元立ち」は右足を退き元に復する。

上記の動作が終わってから構えを解き、双方左足から「歩み足」にて小さく5歩後退して立会の間合に復し、中段の構えとなる。

❶ 一足一刀の間合

❷ 元立ちが打ち込もうとして剣先を上げる

❸ 掛り手が右足を1歩踏み出しながら小手を打つ

❻ 掛り手が1歩後退

掛り手が残心を示す

掛り手が1歩後退し、元立ちは右足を退き元に復する

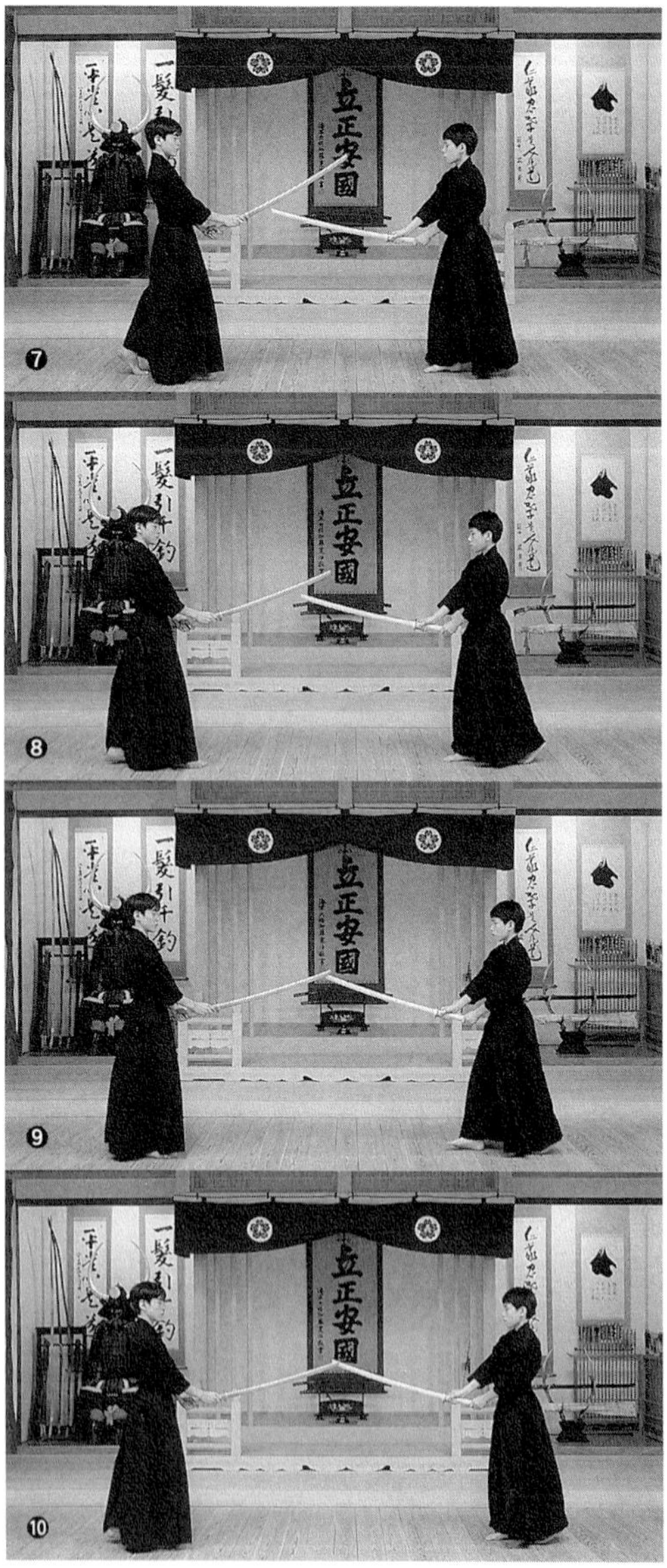

指導上のポイント

〈元立ち〉

起こり頭の一瞬をとらえる技ですから、気を合わせ気迫をもって鋭く打ち込もうと動作させることが大切です。

〈掛り手〉

相手の起こり頭をとらえて、小さく鋭く打つようにおこなわせます。振りかぶって打たせると遅れてしまい、十分な打突ができません。間合は近いですが、その場ではなく半歩前へ出て打つように指導することで勢いが生まれて出ばな技らしくなります。相手にぶつかっていくような気持ちでおこなわせるとよいと思います。

元立ちは右足をやや前に出しながら剣先を少し上げて起こり頭の機会をつくる

掛り手は大きく振りかぶらず、小さく鋭く打つ

基本8

返し技「面返し胴（右胴）」

【動作の流れ】

双方右足から「歩み足」にて3歩前進し、「一足一刀の間合」に接した後、動作を開始する。

1、「元立ち」は右足を1歩踏み出しながら正面を打つ。「掛り手」は右足をやや右斜め前に出しながら自分の木刀の表鎬で相手の木刀を迎えるように応じ、すかさず手を返して右斜め前に出ながら、相手の右胴を刃筋正しく打つ。その際、目付けは外さない。

2、「元立ち」は正面を打った位置で動作を止め、「掛り手」は右胴を打ったところで止める。

3、打った後双方とも正対しながら1歩後退し、「掛り手」は残心を示す。その後双方とも左に移動して元に復する。

上記の動作が終わってから構えを解き、双方左足から「歩み足」にて小さく5歩後退して立会の間合に復し、中段の構えとなる。

❶ 一足一刀の間合

❷ 元立ちが面を打つ

❸❹ 掛り手が右足を右斜め前に出しつつ

❺ 掛り手が表鎬で面を受ける

掛り手が手を返して右胴を打つ

❼

❽

❾

❿

双方とも正対しながら1歩後退し、掛り手が残心を示す

⓫

⓬

双方とも左に移動して元に復する

⓭

⓮

し、体勢も崩さずに打てるようになります。
足さばきは、基本5の「面抜き胴」と同じく右斜め前への送り足でおこなわせます。

指導上のポイント

〈元立ち〉

面は基本通りにまっすぐ振りかぶって打たせます。打たれた後も掛り手から目を離さないようにさせます。

〈掛り手〉

応ずると返すが一連の動作となるように指導しなければなりません。元立ちの面を待っていては応じると返すが別々の動きになってしまうため、自分から迎えにいくような気持ちにさせることが大切です。そして表鎬（左側）ですり上げ気味におこなうと、受けて返すという手の内の動きがスムーズにできるため動きが二拍子にならずにすみます

掛り手は元立ちの面を迎えるような気持ちで表鎬を使ってすり上げ気味に応じるとよい

基本9 打ち落とし技「胴（右胴）打ち落とし面」

最後の演武が終わってから蹲踞の姿勢となり納刀、双方立ち上がって帯刀のまま左足から「歩み足」にて小さく5歩後退して立会の間合に復する。

【動作の流れ】

双方右足から「歩み足」にて3歩前進し、「一足一刀の間合」に接した後、動作を開始する。

1、「元立ち」は右足を1歩踏み出しながら右胴を打つ。「掛り手」は左足からやや左斜め後ろにさばくと同時に、相手の木刀を自分の木刀の刃部の「物打」付近で斜め右下方に打ち落とし、すかさず間合を勘案しながら右足を踏み出して正面を打つ。

2、打った後双方とも正対しながら1歩後退し、「掛り手」は残心を示す。その後双方とも右に移動して元に復する。

❶ 一足一刀の間合

❷ 元立ちが胴を打ち込もうとする

❸ 掛り手は左足からやや左斜め後ろにさばく

掛り手は刃部の物打付近で打ち落とす

掛り手は間合を考えながら面を打つ

双方とも1歩後退し、掛り手が残心を示す

双方とも右に移動して元に復する

指導上のポイント

〈元立ち〉

まっすぐ振りかぶって刃筋正しく右胴を打ちます。真横から打ったりすると、掛り手がやりにくくなるからです。打ち落とされた後も掛り手から目を離させないように指導します。

〈掛り手〉

刃部の「物打」付近で正しく打ち落とすには、体さばきがとても重要です。下がる幅が小さくても大きくても正しく打ち落とせませんし、打ち落とした後の面も正しく打てないからです。そこで大切なのが目付け。常に相手全体を見るように心がけさせることで適切な間合を取れるようにもなって、打ち落としも的確にできるようになると思います。とくに注意しなければならないのは、打ち落とすときで相手の木刀にだけ目がいきがちになりますが、そうすると次の動きが遅れて二拍子になってしまいます。

打ち落とす際は、両腕の間から相手全体が見えるようにまっすぐ振りかぶりつつ左斜め後ろへさばきながらおこなわせ、打ち落とした後も同じようにまっすぐ振りかぶって面を打たせます。この二つの動きが一拍子になるようにさせるには、個々が適切に打ち落とせる間合を覚えさせることだと思います。

刃部の「物打」付近で打ち落とす

掛り手は適切な間合を取らないと打ち落としがうまくいかない

◆解説

太田忠徳（おおた・ただのり）／昭和16年千葉県に生まれる。修道学院出身の福岡明範士に剣道の手ほどきを受ける。匝瑳高校から警視庁に奉職する。警視庁剣道主席師範を務め、平成12年退職。木刀による剣道基本技稽古法の制定に最初から関わり、普及活動にも努めている。現在、全日本剣道道場連盟専務理事、日本武道館武道学園講師。剣道範士八段。

◆演武者

元立ち＝谷原明和
（大義塾・中学校３年・剣道初段・左）
掛り手＝谷原大志
（大義塾・中学校１年・剣道１級・右）

0《ゼロ》からわかる
木刀による剣道基本技稽古法―ＤＶＤ付

平成二十一年十一月二十五日　初　版第一刷発行
平成二十二年　十月二十五日　第二版第一刷発行
令和　五年十一月二十五日　第二版第三刷発行

編　者　剣道時代編集部
発行者　手塚栄司
発行所　㈱体育とスポーツ出版社
〒135-0016
東京都江東区東陽二―二―二十　三F
電　話　〇三―六六六〇―三一三一
ＦＡＸ　〇三―六六六〇―三一三二
振替口座　〇〇一〇〇―七―二五五八七
印刷所　㈱デジタルパブリッシングサービス

落丁・乱丁本はお取り替えいたします。

ISBN 978-4-88458-2340